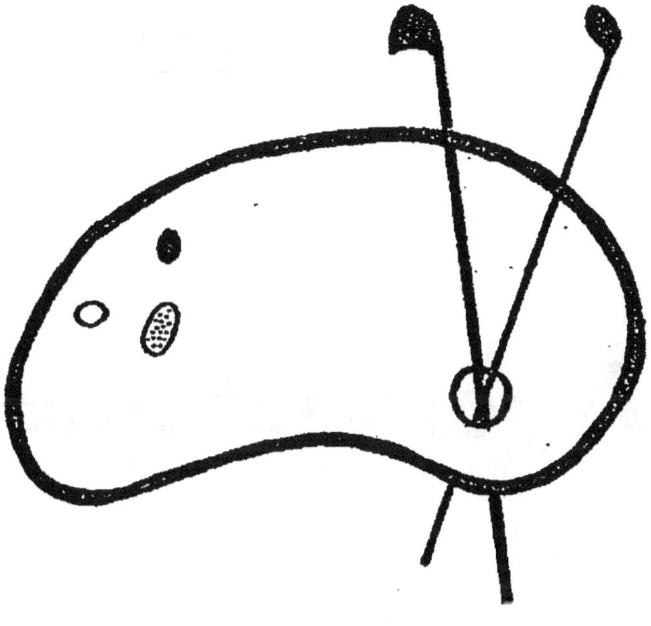

DEBUT D'UNE SERIE DE DOCUMENTS EN COULEUR

Mgr DOUAIS

L'Apologétique

BLOUD & Cie

APOLOGÉTIQUE CHRÉTIENNE

Nouveau Traité à l'usage des classes supérieures, des étudiants et des adultes cultivés.

Par A. MOULARD et Francis VINCENT, licenciés ès lettres.

Avec nombreuses approbations épiscopales.

13ᵉ et nouvelle édition entièrement refondue 1910-1911.

1 vol. in-16. **3 fr. 50**

Le plus récent.

L'adoption rapide de ce manuel par tous les établissements importants d'enseignement secondaire libre suffit seul à le recommander. Aussi jugeons-nous inutile de donner ici la très longue liste des nombreuses approbations épiscopales ou des comptes rendus élogieux de la presse. Nous nous contentons de reproduire l'appréciation de M. J. Guibert, supérieur du Séminaire de l'Institut Catholique de Paris.

Le plus complet.

« Nous tenons à signaler et à recommander l'*Apologétique chrétienne*, que viennent de publier deux jeunes professeurs de Combrée, au diocèse d'Angers. MM. Moulard et Vincent nous avaient demandé s'il n'y avait pas lieu de remanier et de rajeunir les manuels d'apologétique, et nous les avions beaucoup encouragés d'entreprendre ce travail. Ils l'ont fort bien conduit à notre avis, et ils nous donnent aujourd'hui un excellent manuel. Il ne faut pas chercher dans leur livre une pensée neuve, un système personnel sur l'Apologétique ; une originalité trop accusée les eût mis en dehors du plan qu'ils s'étaient tracé. Composant un ouvrage que les maîtres d'instruction religieuse pussent mettre entre les mains de leurs élèves, ils avaient à remplir les conditions suivantes : 1° être clairs, et il faut leur rendre ce témoignage qu'ils ont fort bien compris les questions souvent difficiles qu'ils exposent et qu'ils en donnent une idée très nette ; 2° être à peu près complets, et ils abordent en effet toutes les questions que se posent les apologistes au sujet de Dieu, de la Création, de la Révélation, de Jésus-Christ et de l'Église ; 3° être modérés dans leurs opinions et ils touchent en effet si prudemment les problèmes les plus délicats, qu'ils présentent des solutions qui éclairent sans choquer ; 4° être au point, et nous sommes persuadé que, pour le moment, aucun manuel ne reflète plus fidèlement les positions que commande la sagesse, à égale distance des aventureux et des arriérés. »

Le mieux présenté des Manuels d'Apologétique.

Demander le Catalogue

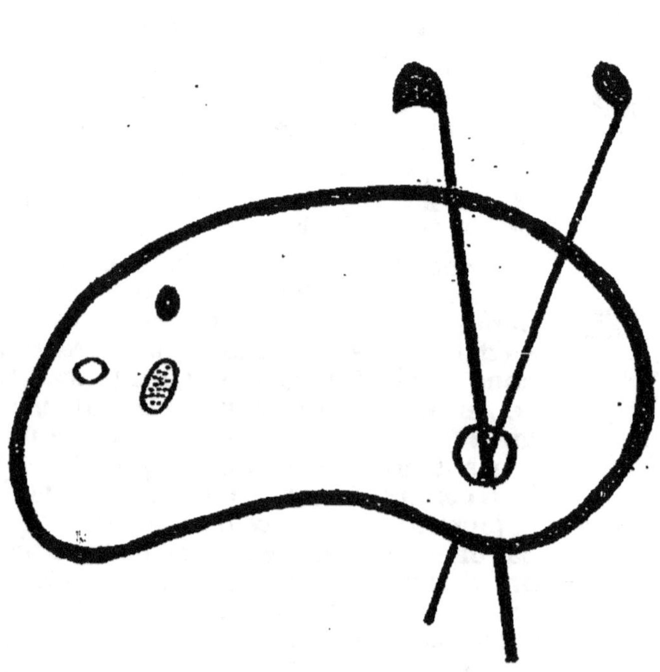

FIN D'UNE SERIE DE DOCUMENTS EN COULEUR

L'APOLOGÉTIQUE

PAR

Monseigneur DOUAIS

PARIS

LIBRAIRIE BLOUD ET Cⁱᵉ

7, PLACE SAINT-SULPICE, 7

1 ET 3, RUE FÉROU — 6, RUE DU CANIVET

1911

Reproduction et traduction interdites.

DANS LA MÊME COLLECTION

L'APOLOGÉTIQUE

I

Apologie et Apologétique. Formation récente de l'Apologétique.

Il convient de distinguer, et il faut le faire soigneusement, entre l'Apologie et l'Apologétique.

L'Apologie est un écrit consacré à un point, à un fait particulier, homme, institution, doctrine, pour dissiper l'équivoque ou l'erreur, rétablir la vérité et montrer la Religion sous un jour favorable. Un tel souci de la part d'écrivains chrétiens se conçoit : on ne se laisse pas vilipender. Nous savons par l'histoire que, dans les premiers siècles de l'Église, il se rencontra des apologistes qui la défendirent ; au XVIIIe et au XIXe siècle, ils furent innombrables ; et maintenant, il n'y a pas de jour qui ne voit éclore quelque Apologie, et cela dans tous les pays où la Religion est agissante et active.

Les travaux ayant ce caractère ne se comptent plus. Migne en a fait une collection en vingt volumes (1). S'il vivait, il la doublerait. Car, depuis, combien d'autres Apologies qui sont dispersées en cent publications particulières. Le lecteur n'en attend pas de moi l'énumération et le sommaire, bien qu'il pût y prendre déjà une connaissance plus précise des divers génies qui ont défendu la Religion au cours des âges, et y trouver une initiation à certains procédés plus propres à l'attaque, ou mieux adaptés à la défense.

Mais je me reprocherais de ne pas dire que ces travaux forment un imposant ensemble ; et bien que chacun d'eux ait pour objet un point particulier, ils témoignent d'une préoccupation constante et générale, qui est de rendre la Religion acceptable pour l'esprit et d'ouvrir les voies à la foi. En les rapprochant, grâce à une étude comparative, on arriverait assez facilement à en dégager une méthode se ramenant à ce principe de tactique : Attaquer la doctrine adverse ; défendre la Religion par les moyens issus des circons-

____

(1) *Démonstrations évangéliques*. Paris, 1843-1858.

tances et des temps, des hommes et des choses, des milieux sociaux et des écoles, sans se priver des ressources qu'offrent la philosophie, la métaphysique et la théologie dont le terme dernier est l'immuable absolu.

Il faut même aller plus loin : les Apologies n'ont manqué à aucun siècle ; il eût été bien difficile qu'à la longue une méthode absolument rationnelle, applicable à tous les temps et à tous les lieux, n'en sorte point, comme le fruit point sur l'arbre après une longue floraison.

Ainsi nous arrivons à l'Apologétique, que les Apologies ont préparée.

Elle s'est constituée un peu tard, pourra-t-on dire ; le principal pour nous, c'est qu'elle se présente aujourd'hui avec une existence indépendante, des organes propres et une vie à soi, qui en fasse entre les mains de l'artiste chrétien, écrivain ou orateur, un instrument de grande et de longue portée pour montrer aux esprits l'astre divin et le faire briller aux horizons de l'âme ; ainsi, autrefois, l'Étoile conduisit les mages au berceau du Christ.

Aujourd'hui, l'Apologétique est constituée ; elle occupe un bon rang parmi les disciplines sacrées ; c'est, du moins, ma conviction et j'essayerai de la justifier en décrivant les caractères de l'Apologétique. Elle a conquis peu à peu son domaine. Le jour où le traité *de Revelatione* fut écrit, elle s'en approcha de près. Tout le monde sait que les grandes lignes de ce traité, sa méthode et ses matériaux furent donnés par le théologien Hooke, irlandais d'origine (1716-1796), professeur en Sorbonne, puis bibliothécaire de la Mazarine, qui les présenta dans son livre : *Religionis naturalis et revelatæ principia* (1). Il ouvrit une voie. Non seulement il définit la matière d'un traité, que les scolastiques, strictement théologiens, avaient ignoré ou dont ils avaient négligé de distinguer la donnée, si on aime mieux : mais encore et surtout il fit pressentir et laissa entrevoir un nouveau champ d'étude et peut-être une discipline formelle, ne se confondant ni avec la philosophie ni avec la théologie, ayant son objet et disposant de principes et de règles.

Sans entrer ici dans le détail des œuvres

(1) 3 vol. in-8°, Paris, 1752-1774.

dont les auteurs se sont depuis proposé d'accréditer la Religion, on peut dire que chacun, pour sa part, s'est attaché à la rendre acceptable ou même à montrer qu'elle resplendit assez pour s'imposer à l'âme raisonnable. Par exemple, Fénelon établit que la Religion seule donne à l'homme le moyen de rendre à Dieu le culte qu'il lui doit (1) ; La Luzerne en montra l'excellence (2) ; Duvoisin traita de l'autorité des livres de Moïse et des livres du Nouveau Testament (3) ; Guillaume de Malleville établit la religion naturelle et la religion révélée sur les principes mêmes de la vraie philosophie et de la divinité des Écritures (4) ;

(1) *Lettres sur divers sujets de métaphysique et de morale.* Œuvres, t. I, pp. 69 et suiv. Ed. Gosselin, Paris, 1851 ; MIGNE, *Démonstrations évangéliques,* t. IV, cc. 1171 et suiv.

(2) *Instruction pastorale sur l'excellence de la religion,* 1786. Dans MIGNE, *Démonstrations évangéliques,* t. XII, cc. 895 et suiv. La Luzerne, évêque de Langres, et cardinal (1738-1331.)

(3) *Autorité des livres du Nouveau Testament.* In-12, Paris, 1775. — *Autorité des livres de Moïse.* In-12, Paris, 1778. MIGNE, *Démonstrations évangéliques,* t. XIII, cc. 667 et suiv. Duvoisin, né à Langres en 1744, grand vicaire de Laon, évêque de Nantes (1802), et mort conseiller d'État (1813).

(4) *La Religion naturelle et révélée établie sur les principes de la vraie philosophie et de la divinité des Écritures.* 6 vol. in-12, 1756-1758. Guillaume de Maleville, curé du diocèse de Sarlat, né en 1699, serait mort en 1764.

le P. Griffet, S. J., voulut démontrer l'insuffisance de la religion naturelle (1) ; Anne de
Forbin, mathématicien remarquable, recher-
cha le mode d'accord de la science et de la
croyance (2).

Plus près de nous, au cours du XIXe siècle,
l'activité apologétique ne fut pas moins
grande : en présence des attaques quoti-
diennes et pour y répondre, on se plaça sur
chacun des terrains propices et choisis par
l'ennemi : l'histoire, la philosophie, les sciences. On profita de toutes les facilités s'offrant
au zèle : le journal, la revue, la chaire, l'enseignement. Sont présents à toutes les mémoires
les titres des principaux ouvrages alors
parus ; ils n'ont rien perdu de leur valeur,
depuis le *Génie du Christianisme* de Cha-
teaubriand (3), l'*Essai sur l'indifférence* de
Lamennais (4) et les *Conférences* de Lacor-

(1) *L'insuffisance de la religon naturelle prouvée par les
vérités contenues dans les livres de l'Écriture Sainte.* 2 vol.
in-8°, Liège, 1770.

(2) *Accord de la foi avec la raison dans la manière de
présenter le système physique du monde et d'expliquer les
différents mystères de la Religion.* 2 vol. in-12, Cologne et
Paris, 1757.

(3) 5 vol. in-8° Paris, 1802.

(4) *Essai sur l'indifférence en matière de religion*, t. I.
Paris, 1817.

daire à Notre-Dame, à Nancy, à Toulouse (1), jusqu'aux écrits du P. Gratry (2), de l'abbé de Broglie (3), de Mgr Bougaud (4). Leurs ouvrages, de valeur, marquent, malgré quelques réserves, un sérieux progrès dans la méthode, le choix des matériaux et leur emploi.

Il n'est pas moins important de noter qu'une *Revue d'Apologétique*, fondée au mois d'octobre 1905, occupe déjà une grande place ; qu'à l'heure actuelle les Universités catholiques sont dotées d'une chaire d'apologétique et d'une chaire d'histoire des religions. A Paris, par exemple, des conférences ou cours libres ont pour objet l'exposition ou la défense religieuse ; et elles attirent de nombreux et sérieux auditeurs. Ces créations

(1) Œuvres. Paris, 9 vol., 1872-1873.

(2) *De la connaissance de Dieu.* 2 vol. in-8°, 1858. — *De la connaissance de l'âme.* 2 vol. in-8°, 1853. — *Logique.* 2 vol. in-8°, 1858. — *Étude sur la sophistique contemporaine.* In-8°, 1863. — *Lettres sur la Religion.* In-8°, 1869.

(3) *Le positivisme et la science expérimentale.* 2 vol. in-8°, Paris, 1881. — *Problèmes et conclusions de l'histoire des religions.* In-8°, Paris, 1885. — *La Morale sans Dieu.* In-8°, Paris, 1886. — *La réaction contre le positivisme.* In-8°, Paris, 1894. — *Le présent et l'avenir du Catholicisme en France,* in-8°, Paris, 1892. — *Religion et critique,* Œuv. posth. In-8°, Paris, 1897.

(4) *Le Christianisme et les temps présents.* 5 vol. in-8°, Paris, 1872-1884.

sont des preuves de vie et raffermissent la confiance.

Il me paraît que la confiance est justifiée. La voie s'ouvre à tous ceux qui : 1° admettent pour l'homme une fin supérieure au temps et à l'espace ; 2° estiment qu'il n'y a pas d'opposition entre la science et la foi ; 3° voient dans la révélation un fait qu'il est aisé de situer dans l'histoire. L'Apologétique dirige la marche de façon sage et éclairée ; elle conduit à la foi.

Comment ? Et par quels moyens ?

Avant de répondre, il faut commencer par dire quelle est la notion et quel est l'objet de l'Apologétique.

II

Notion et objet de l'Apologétique.

Interrogeons les apologistes eux-mêmes. C'est justice.

Qu'ont voulu les anciens ? Que veulent les modernes ? Quelle était, hier, quelle est encore aujourd'hui leur ambition ?

Dissiper les préjugés, réfuter les erreurs

de fait ou de doctrine exploitées contre la Religion, faire éclater les convenances de la raison et de la foi, enfin aboutir à la foi, la faire accepter. Ils espèrent y arriver s'ils montrent qu'en fin de compte il n'est pas déraisonnable de croire (donnée négative), qu'il est raisonnable de croire (partie positive). Le but qu'ils poursuivent nous met sur la voie de la notion de l'Apologétique.

L'Apologétique s'attache à la justification de la foi (ἀπολογητικός), justificatif). Le mot ἀπολογεῖσθαι dont son nom dérive, signifie se défendre. Cependant l'Apologétique ne pourra être limitée à une simple défense; ce n'est pas à elle que son rôle, pour si beau qu'il fût déjà, saurait jamais s'arrêter. Elle n'est pas non plus, dans le sens précis du mot, une démonstration du Christianisme ; car enfin, qui dit démonstration marque une équation entre les deux termes de la proposition ; dans ce sens, le contenu de la révélation divine n'est pas pour nous un objet démontrable. Enfin l'exposition simple de la doctrine lui sert, comme toute vérité, à cause de l'éclat et de l'efficacité propres à la vérité ; mais elle n'est pas une exposition du Christianisme.

Sans aucun doute, la justification, l'exposition, la défense de la foi chrétienne appartiennent à l'Apologétique ; mais elles la limitent trop et la diminuent. Sa notion est plus compréhensive et plus large.

Mettons-nous en présence du contenu de la foi, abstraction faite pour le moment de l'inspiration des Écritures. De deux choses l'une : ou bien cette foi porte en elle-même l'obstacle à la croyance, si elle dit par exemple : Dieu est le mal, et elle est jugée ; ou bien, il n'y a rien en elle qui répugne à la croyance, et en outre on relève dans son ensemble et chacun de ses enseignements, dans sa nature même, une valeur propre capable d'amener l'esprit à croire, que cette valeur éclate dans ses manifestations extérieures ou résulte des signes qui l'accréditent. C'est la seconde partie du dilemme que nous retenons. Dès lors, on conçoit qu'une discipline se forme à l'effet de reconnaître, définir, démontrer cette valeur intellectualiste de la foi. Et dans ce cas, si cette discipline y réussit, on voit qu'il suffira de trouver cette valeur extrinsèque pour défendre et justifier du même coup la foi révélée. Là sera le nœud et l'unité ; là résidera, là réside la véritable notion de l'Apologétique. Quand saint Thomas distingue les choses croyables *secundum se* (aliqua sunt credibilia, de quibus est fides secundum se), et les choses croyables *per accidens* (aliqua vero sunt credibilia, de quibus non est fides secundum se, sed solum in ordine ad alia) (1), il s'arrête toujours au concept de *croyable,* qui ordonne l'esprit à la foi. Dans l'article où il établit que l'objet de foi ne peut être *aliquid visum,* il n'hésite pas à écrire : « L'objet de foi peut être considéré de deux manières : ou bien dans ce qui le spécifie et alors il ne peut être en même temps objet de foi et de vue rationnelle ; ou bien, en général, sous la raison universelle de croyable et ainsi il est vu rationnellement par celui qui croit. Car il ne croirait pas, s'il ne voyait pas qu'il doit croire, soit à cause de l'évidence des signes, soit pour tout autre motif (2). »

(1) *Sum. Theol.,* II, II, q. I, a. I, ad Iᵐ.

(2) « Ea, quæ subsunt fidei, dupliciter considerari possunt. Uno modo in speciali : et sic non possunt esse simul visa et credita, sicut dictum est. Alio modo in generali, scilicet sub communi ratione credibilis ; et sic sunt visa ab eo qui credit. Non enim crederet nisi videret ea esse credenda, vel propter evidentiam signorum, vel propter aliquid hujusmodi. » *Sum. Theol.,* II, II, q. I, a. IV, ad IIᵐ.

Aussi la crédibilité d'une proposition qui sera crue de foi divine, parce que Dieu l'a révélée, est une notion chère aux théologiens. Suarez s'y arrête : « Quoniam dixi evidentem credibilitatem esse necessariam... dico ergo mysteria fidei christianæ esse evidenter credibilia (1). » Gonet, qui en a traité longuement dans son *Clypeus,* y revient dans son *Manuale Thomistarum,* comme pour condenser ses doctrines, lui dont les pensées sont si pleines et si concises : « Aliunde sumitur veritas alicujus propositionis, et aliunde ejus credibilitas. Veritas enim petitur ex connexione intrinseca subjecti et prædicati, credibilitas autem ex testimoniis, signis et motivis extrinsecis, quæ reddunt illam credibilem seu dignam cui fides adhibeatur (2). »

Le P. Billot, qui enseigne au Collège Romain, en précise l'idée dans l'*Introduction* au *Traité de l'Église,* disant : « Credibilitas in præsenti dicit extrinsecam illam objecti cujuspiam seu doctrinæ conditionem, ex qua habet ut possit terminare prudentem actum

____

(1) *Tractatus de Fide,* Disp. IV, sect. III, 1.
(2) Tract. VIII, *De virtutibus theologicis*, § VII. — *Manuale,* t. V, p. 51. In-16, Venise, 1791.

fidei (1). » C'est à deux reprises que le P. Gardeil, dominicain, a discuté la notion de crédibilité, et cette fois par rapport à l'Apologétique, d'abord dans son article *Crédibilité*, que le *Dictionnaire de Théologie* a publié (1907), ensuite dans son volume dont le titre : *La Crédibilité et l'Apologétique* (2), a toute la précision désirable. La crédibilité peut se définir, dit-il : « l'aptitude d'une assertion à être crue. En philosophie, le sens varierait en fonction du sens que l'on donnerait au mot croyance. En théologie, le sens est déterminé·par le sens précis du mot *foi divine* auquel il correspond. La foi divine est la vertu théologale par laquelle nous croyons ce que Dieu révèle, parce que c'est lui, ce Dieu absolument véridique, qui le révèle. La crédibilité sera donc, en théologie, l'aptitude d'une assertion révélée par Dieu à être crue de foi divine, c'est-à-dire parce que Dieu l'a révélée (3). »

Écartons le mot *aptitude ;* s'appliquant aux

(1) *Tractatus de·Ecclesia Christi,* Introduction, § 3, t. I, p. 49. 3·vol. in 8, Rome, 1898.

(2) In-12, Gabalda, Paris, 1908.

(3) Art.*Crédibilité,* au début.

personnes et aux choses, et non aux doctrines, il manque de netteté. Mais retenons que la Révélation se présente dans des conditions telles que l'acte de foi apparaît toujours logique, prudent et sage.

Je dis : conditions.

La Révélation divine a donc besoin d'être montrée croyable. Elle sera prouvée croyable non d'une évidence intrinsèque, d'ailleurs impossible pour nous, mais d'une évidence extrinsèque. Au premier abord, on peut s'en étonner : ne suffit-il pas que Dieu parle? Oui, sans doute; encore faut-il que sa parole apparaisse d'abord acceptable. Au besoin, on s'autorise du Ps. XCII, où David s'écrie dans le ravissement de sa foi : *Testimonia tua credibilia facta sunt nimis* (v. 5), du *rationabile obsequium* de saint Paul (Rom., XII, 1) dans le sens où les commentateurs de la Vulgate l'entendent ordinairement, et enfin de la pratique des saints Pères. Qu'est-ce le *Contra gentes* d'Arnobe (1), la *Præparatio Evangelica*

---

(1) Du temps d'Arnobe, c'est violemment qu'on attribuait au Christianisme la cause des maux actuels. Il se proposa d'écarter ce reproche insensé : « Quoniam comperi nonnullos, qui se plurimum super suis persuasionibus credunt, insanire, bacchari, et velut quiddam promptum ex oraculo dicere : postquam esse in mundo Christiana gens cœpit, terrarum orbem periisse,

d'Eusèbe(1), le *Contra Epistolam Fundamenti* (cap. IV), le *De Civitate Dei* (lib. I, cap.

multiformibus malis affectum esse genus humanum... statui pro captu, ac mediocritate sermonis contraire invidiæ, et calumniosas dissolvere criminationes, ne aut illi sibi videantur, popularia dum verba depromunt magnum aliquid dicere... » Lib. I, c. I. (Au début.) Pour dissiper la calomnie, Arnobe montra : 1°) Que les chrétiens ne sont ni plus ni moins que les fidèles du Christ, par lequel ils adorent le vrai Dieu : « Nihil sumus aliud Christiani, nisi magistro Christo summi regis ac principis veneratores ; nihil, si consideres, aliud invenies in ista religione versari : hæc totius summa est actionis : hic propositus terminus divinorum officiorum, hic finis. » (Lib. I, c. XXVII) ; 2°) Que les chrétiens avaient bien le droit d'honorer le Christ comme un Dieu autant et plus que les païens de vénérer leurs ridicules divinités : « Nunc doctore tanto in vias veritatis inductus, omnia ista, quæ sint, scio ; digna de dignis sentio, contumeliam nomini nullam facio divino : et quid cuique debeatur, vel personæ, vel capiti, in confusis gradibus atque auctoritatibus tribuo. Ita ergo Christus non habeatur a nobis Deus ? nec, qui omnium alioquin vel maximus potest excogitari, divinitatis afficiatur cultu, a quo jamdudum tanta et accepimus dona viventes, expectemus, dies cum venerit, ampliora? » Lib. I, c. XXXIX. MIGNE, *Pat. lat.*, t. V, cc. 718, 749, 768.

L'intention apologétique est manifeste.

(1) Eusèbe a dans les premiers chapitres de sa *Præparatio Evangelica* exposé l'objet, le but et la méthode de son ouvrage. Citons entre autres le passage où, marquant son intention, il caractérise les œuvres d'apologétique avant la sienne. C'est intéressant. « Mais, dit-il, nous ferons surtout servir à notre justification les nombreux ouvrages que nous avons en main, et qui composent ensemble une démonstration évangélique complète. Ajouté à cette encyclopédie sacrée, le présent traité est lui-même une réponse à nos adversaires, puisqu'il a pour but d'annoncer à tous les hommes la plénitude de la grâce de Dieu et la munificence céleste, en établissant sur des preuves aussi claires que solides l'incarnation de notre Sauveur et Seigneur Jésus-Christ, fils de Dieu. La plupart de ceux qui ont écrit avant nous ont suivi diverses méthodes ; les unes ont réfuté par ordre les difficultés et les objections présentées dans les écrits opposés à nos doctrines, les autres ont interprété, dans des commentaires explicatifs ou dans des homélies parti-

xxi-xxiii; lib. XXIII, cap. v-x), le *De vera Religione* de saint Augustin (1), sinon un exposé de la crédibilité du témoignage divin, là préparé, ici donné, et depuis éclatant dans l'histoire ? Ont-ils fait autre chose que de montrer la valeur de la Révélation pour

culières, le sens des Saintes Écritures inspirées par la Divinité ; d'autres enfin ont soutenu nos dogmes dans des ouvrages écrits avec plus d'énergie. Pour nous, c'est avec grand plaisir que nous entreprenons de traiter spécialement ce sujet, d'après un plan qui nous est propre... » Liv. I, chap. iii.

Traduction empruntée aux *Démonstrations évangéliques* de Migne, t. I, col. 502.

(1) Saint Augustin écrit : « In Catholica Ecclesia, ut omittam sincerissimam sapientiam, ad cujus cognitionem pauci spirituales in hâc vitâ perveniunt, ut eam ex minima quidem parte, qui homines sunt, sed tamen sine dubitatione cognoscant : cæteram quippe turbam non intelligendi vivacitas, sed credendi simplicitas tutissimam facit : ut ergo hanc omittam sapientiam, quam in Ecclesia esse catholica non creditis ; multa sunt alia quæ in ejus gremio me justissime teneant. Tenet consensio populorum atque gentium ; tenet auctoritas miraculis inchoata, spe nutrita, charitate aucta, vetustate firmata ; tenet ab ipsa sede Petri apostoli, cui pascendas oves suas post resurrectionem Dominus commendavit, usque ad præsentem episcopatum successio sacerdotum ; tenet postremo ipsum catholicæ nomen, quod non sine causa inter tam multas hæreses sic ista Ecclesia sola obtinuit, ut cum omnes hæretici se catholicos dici velint, quærenti tamen peregrino alicui, ubi ad Catholicam conveniatur, nullus hæreticorum vel basilicam suam vel domum audeat ostendere. Ista ergo tot et tanta nominis christiani charissima vincula recte hominem tenent credentem in catholica Ecclesia, etiamsi propter nostræ intelligentiæ tardidatem vel vitæ meritum veritas nondum se apertissime ostendat. » *Contra Epist. Fundamenti*, IV. Migne, *Patr. lat.*, t. XLII, c. 175.

La Cité de Dieu est entre les mains de tous. Migne, *Démonstrations évangéliques*, tom. II, cc. 373 et suiv., a donné une traduction de la *Véritable Religion*.

l'esprit qui, la discernant, est porté à croire de foi divine, c'est-à-dire parce que Dieu a parlé ? Toute leur pensée, dans le dédale de l'érudition, au milieu des arrangements parfois poétiques et parmi les développements oratoires, pour ne pas être définie, revient à cela. Et comme pour faire disparaître toute hésitation, le Concile du Vatican, confirmant la pensée des apologistes, dans la même ligne et pour le même objet, a dit, avec une rare plénitude d'expression, ce que Dieu lui-même a fait pour montrer notre foi raisonnable, à savoir « des miracles et des prophéties, qui, en manifestant sans conteste l'intervention de la toute-puissance et de la science infinie de Dieu, sont des signes très certains de la Révélation divine, adaptés à l'intelligence de tous » (1).

Qu'une discipline s'établisse pour chercher à dégager cette crédibilité externe, la faire

---

(1) « Ut nihilominus fidei nostræ obsequium rationi consentaneum esset, voluit Deus cum internis Spiritus Sancti auxiliis, externa jungi revelationis suæ argumenta, facta scilicet divina, atque imprimis miracula et prophetias, quæ cum Dei omnipotentiam et infinitam scientiam luculenter commonstrent, divinæ revelationis signa sunt certissima et omnium intelligentiæ accommodata. Quare tum Moyses et Prophetæ tum maxime Dominus multa et manifestissima miracula et prophetias ediderunt. » Conc. Vat., Const. *de Fide*, c. 3.

valoir et en définir la place dans la genèse de l'acte de foi, c'est donc tout indiqué. Rien ne s'y oppose en soi ; au contraire ; les travaux de plusieurs lui ont ouvert la voie, l'ont préparée ; elle arrive à l'heure propice, pour être acceptée et rendre les meilleurs services. Cette discipline n'est autre que l'Apologétique, qui se distingue de la Théologie proprement dite.

III

Distinction de l'Apologétique et de la Théologie.

Est-il donc bien vrai que l'Apologétique soit nettement distincte de la Théologie ?

Tout à l'heure nous avons vu que les théologiens ont traité de la crédibilité ; ce qu'il n'est que juste d'ajouter, c'est qu'allant plus loin, ils ont discuté les motifs de crédibilité intrinsèques à la Révélation ; ainsi saint Thomas d'Aquin, Cajetan, Suarez et tant d'autres. Les scolastiques n'avaient guère pu faire autrement : les motifs de crédibilité appartiennent à la Théologie, de même que les convenances rationnelles entre la raison et la foi, et la réfutation des objections de la fausse science contre la Révélation (1). Tout en faisant de l'Apologétique, comme nous le voyons dans le *Contra gentiles* de saint Thomas, ils ne songèrent guère à traiter à part des motifs extrinsèques de crédibilité. Ils n'introduisirent pas davantage dans leurs admirables ouvrages le traité *de Scriptura et Traditione,* le traité *de Religione,* ni non plus le traité *de Ecclesiâ.* S'ensuit-il que la matière de ces traités n'existait pas ? Non ; seulement, elle n'était pas suffisamment préparée et mûre ; voilà tout. De même en fut-il de l'Apologétique.

A la vérité, l'Apologétique se présente avec la prétention d'être quelque chose de plus qu'une addition à la Théologie. Si elle réussit, il faut avouer qu'elle prend de l'importance et offre un palpitant intérêt ; en entrant dans le concert des sciences sacrées,

(1) « Sacra Scriptura cum non habeat superiorem disputat contra negantem sua principia, argumentando quidem si adversarius aliquid concedat eorum quæ per divinam revelationem habentur ; sicut per auctoritates Sacræ doctrinæ disputamus contra hæreticos et per unum articulum contra negantes alium. Si vero adversarius nihil credat eorum quæ divinitus revelantur, non remanet amplius via ad probandum articulos fidei per rationes, sed ad solvendum rationes, si quas inducit contra fidem. » *Sum. Theol.,* Pars I, q. I, a. VIII.

elle leur apporte un concours qui peut être considérable.

Voyons ce qu'il en est.

1) Dieu comme tel est le sujet de la Théologie, *subjectum theologiæ*, et son objet formel le vrai démontrable par la révélation divine. C'est ainsi que la Théologie se définit : *Scientia eorum, quæ de Deo ex revelatione sunt demonstrabilia.* Dans cette science, la plus belle de toutes sans contredit, tout est attribué à Dieu, tout y est non seulement envisagé, mais encore traité *sub ratione Dei revelantis,* qu'elle étudie Dieu directement ou ce qui se rapporte à lui comme principe et fin (1).

L'Apologétique a pour sujet la révélation, non pour l'étudier en elle-même, mais pour en montrer la crédibilité extrinsèque. La révélation a Dieu pour objet, sans aucun doute ; mais elle a un autre aspect ; ayant été faite pour l'homme, il faut montrer qu'elle est acceptable par lui, qu'il peut y adhérer, qu'elle s'harmonise avec les normes de sa

---

(1) « Omnia pertractantur in sacra doctrina sub ratione Dei, vel quia sunt ipse Deus, vel quia habent ordinem ad Deum, ut ad principium et finem. » *Sum. Theol.* Prima pars, q. I, a. VII.

raison. Lugo a dit que la Révélation se rapporte à Dieu *secundum se et ut assequibilem a nobis* (1). L'Apologétique prend pour elle l'*assequibilem a nobis*, et encore dans ce sens qu'il s'agit pour elle uniquement du témoignage qu'ont rendu de lui Moïse, les Prophètes et son Fils ; et dès lors son objet formel est la crédibilité de ce témoignage démontrée non par la révélation sous peine de cercle vicieux ; mais par les conditions dans lesquelles il se présente, par les signes qui l'accréditent, par les motifs rationnels extérieurs, en un mot par tous les moyens que les sciences, la critique et l'histoire lui offrent afin de montrer que la révélation est *digna cui fides adhibeatur*. Ainsi l'Apologétique conduit *de ratione ad fidem*, tandis que la Théologie va *ex fide ad fidem*, comme dit saint Paul (2).

Ce sont deux disciplines distinctes.

2) Le théologien suppose avec raison la foi sincère, intégrale, divine : l'apologiste prépare l'esprit à l'acceptation de la foi. Le

______

(1) *De Fide*, disp. III, s. I, n. 15.
(2) *Rom.*, I, 17.

moment est donc venu de situer l'Apologétique dans la genèse de l'acte de foi.

Croire est un acte de l'homme raisonnable et libre. Il faut le disposer à croire. Tout d'abord il demande : Pourquoi croire ? Rien de plus simple. Mais aussi cela suppose que déjà il voit, à la lumière de sa raison, que Dieu existe — et l'Église enseigne qu'il peut par elle en démontrer l'existence — qu'il sait aussi, et encore à la lumière de sa raison, qu'il a une âme immortelle, — et de même l'Église enseigne qu'il peut démontrer cette vérité qu'il faut reconnaître comme fondamentale et naturelle. Dès lors, il est aisé de conclure que l'homme a une fin supérieure, qu'il ne l'atteint pas dans la vie présente sitôt et impitoyablement brisée, qu'elle s'épanouit dans l'au-delà mystérieux mais plein de promesses. Tout cela appartient à l'ordre de la nature et de la raison.

Supposons maintenant que l'on dise à l'homme que Dieu, maître des choses, a parlé pour se faire connaître lui-même et aussi pour le fixer dans l'idée de sa fin supérieure et lui en montrer la voie, de telle façon qu'un lien étroit apparaisse comme établi entre cette révélation divine et sa fin supérieure. De toute nécessité, la question qui se posera sera celle-ci : la Révélation divine offre l'intérêt le plus extraordinaire. Mais ce que vous me dites être la Révélation, est-il croyable ? Si non, il n'y a pas même à se demander si elle a eu lieu. Si oui, présentez-la-moi avec ses titres. Là doit se faire le travail de démonstration préalable à l'acte de foi, portant sur le message et sur son caractère extérieur le rendant acceptable. C'est à l'Apologétique que ce travail appartient. Au théologien la noble mission d'étudier le donné de cette révélation, de montrer les rapports existant entre chacune de ses diverses parties, d'en dégager la sublime logique en montrant autant que faire se pourra les parts d'être et de vie qu'elle contient. L'Apologétique ne prétend pas à ce rôle transcendant : elle n'ignore pas le contenu du témoignage divin ; mais elle ne le voit que par le dehors, elle montre qu'il mérite créance. Elle estime que ce domaine est assez vaste. Elle le revendique. Si la Théologie l'a longtemps exploré dans ce sens qu'elle a étudié en bloc les motifs de crédibilité, sans distinguer les

motifs extrinsèques et les motifs intrinsèques, elle pense que la division du travail lui
donnant une véritable autonomie, est justifiée logiquement. Elle déblaie le terrain,
ouvre les avenues du temple dans le champ
immense de la double manifestation de Dieu :
la Nature et de la Révélation, et aussi des
besoins et des espérances de l'homme ; avant
d'entrer, il faut être amené à croire ; elle dit
que rien ne s'oppose à croire ; que même il
faut croire (1).

Pour quelles raisons ? Bien précisées, ces
raisons contribuent, à leur tour, à distinguer
nettement l'Apologétique de la Théologie.

3) Ne perdons pas de vue, en effet, le fondement sur lequel la Théologie établit ses
preuves. Rien n'est plus logique. Dieu s'est
révélé ; tout ce qu'il nous a dit de lui, de son
Fils fait homme, de la Rédemption et de
l'éternité bienheureuse dépasse toute concep-
tion humaine. Si je puis ainsi parler, Dieu
lui-même fait la preuve ; le théologien l'em-

(1) C'est tout le sens de l'œuvre apologétique de Clarke, qui
comprend comme parties principales la *Démonstration de
l'existence et des attributs de Dieu* et le *Discours sur les
devoirs immuables de la Religion naturelle et sur la certitude de la Religion chrétienne.* Migne, *Demonstrations évangéliques*, t. V, cc. 947 et suiv., 1073 et suiv.

prunte à la Révélation et à la Tradition, cette autre forme du témoignage divin, et aussi aux définitions des Papes et des Conciles, parce que les Papes et les Conciles ont qualité pour distinguer le témoignage divin de ce qui ne l'est pas, pour le reconnaître légitimement et le déclarer authentique. Cela seul prouve. Quant au *probatur ex ratione,* c'est une manière de parler peu exacte et une prétention toujours excessive. Si la raison offre un secours *ad manifestandum quædam alia* (1) et aussi dans ce sens qu'il convient de retenir les déductions logiques d'un point de foi, n'oublions pas qu'au point de départ et au début Dieu a parlé. La déduction n'est vraie que parce qu'il a d'abord parlé : seule preuve recevable là où le témoignage divin a seul une force probante. Si les théologiens établissent des propositions voisines de la foi, c'est parce qu'elles ont un rapport direct avec le témoignage divin. Ce théologisme est digne de tout respect et de tout honneur. Mais l'évidence rationnelle ne peut être prise comme le fondement de la Théologie : le seul

(1) *Sum. Theol.* Prima pars, q. I, a. VIII, ad IIe.

argument qu'elle fasse est l'argument d'auto-rité (1).

L'Apologétique ne se fonderait sur la révélation qu'en tournant dans un cercle vicieux : je l'ai déjà fait remarquer. Elle y échappe : car de même qu'elle a un domaine propre, elle a ses raisons propres ; nous allons le voir.

Mais auparavant et tout de suite, résolvons une objection, qui est provoquée par la méthode de discussion familière aux apologistes.

IV

Universalité des moyens de preuve utilisés par l'Apologétique. Objection et réponse.

Suivant pied à pied l'attaque, les apologistes se sont placés successivement sur chacun des terrains choisis par elle : l'histoire, les sciences, l'ontologie, la psychologie, même l'économie politique, la morale, le sentiment et le cœur ; et on a eu comme tout autant

(1) « Argumentum ex auctoritate est maxime proprium hujus « doctrinæ, eo quod principia hujus doctrinæ per revelationem « habentur. » *Sum. Theol.* Prima pars, q. I, a. VIII, ad II.

d'apologétiques, par manière de parler. Chacun qui a défendu la Religion a emprunté ses moyens et ses arguments à l'ordre même de la pensée, où la discussion était ouverte, à l'histoire, aux sciences, à la philosophie, à l'esthétique, etc. Comment faire autrement ? Par exemple, c'est au nom de la critique et de l'histoire que la Révélation, attaquée, est montrée comme invraisemblable et impossible, que la critique et l'histoire lui apportent leur preuve comme quoi elle est *croyable*.

Tactique, et rien de plus, dira-t-on : tactique d'ailleurs habile et logique, qui enlève à l'ennemi son arme. Mais c'est ici que vient l'objection.

Puisque l'Apologétique demande à chaque science avec laquelle elle a affaire des raisons, des arguments, des motifs, c'est donc qu'elle n'en a pas qui lui appartiennent en propre, au contraire de la Théologie, qui, elle, de façon nette et précise, trouve dans la Révélation toutes les ressources d'étude et de discussion. Ainsi l'Apologétique se confond par sa méthode avec toutes les sciences, auxquelles elle est réduite à demander leurs raisons.

Expliquons-nous et voyons ce que l'Apologétique fait.

Elle se propose de montrer la crédibilité extrinsèque de la Révélation. Si la Révélation s'est produite, Dieu est intervenu dans l'histoire de l'humanité et dans les affaires de l'homme, c'est-à-dire dans sa vie intellectuelle et morale ; il n'est pas étranger à sa pensée, ni à la direction de sa vie ; il lui apporte la vérité, le bien. Or, cette intervention a une portée générale ; loin d'être limitée, elle touche à l'homme tout entier, non seulement à son être ontologique, mais encore à son être historique, si je puis ainsi parler. L'homme d'aujourd'hui, en effet, se présente avec tout un long passé d'études, dont les premiers résultats se sont manifestés dans les découvertes journalières et progressives et dans une perpétuelle vérification des conclusions couramment admises. C'est pour cela même que l'attaque, loin de partir d'un seul point est venue de tous les points, non pas à un moment et comme en passant, mais à toutes les époques et habituellement. Rien donc ne peut mieux justifier la méthode logique de l'Apologétique. Qu'on s'arrête à son objet propre, qui est la crédibilité de la Révélation proposée à la croyance, — ce qui a une portée universelle, — ou que l'on envisage l'attaque qui prétend s'accréditer de la science humaine et de toute science, on en vient à cette conclusion que l'Apologétique a vraiment le droit de faire appel à toute connaissance établie et légitime pour atteindre son but. Cette universalité de moyens, au lieu de lui être reprochée, tourne à son avantage, la recommande et la distingue de toute autre discipline intellectuelle, et dès lors de la Théologie. Le mathématicien, ne reconnaissant que la science des nombres, ne peut faire appel, par exemple, à la morale ou science des mœurs, à l'histoire ou science des faits sociaux, politiques, nationaux. L'historien, pour établir les faits se gardera bien de se fonder sur une possibilité logique ; la métaphysique ne lui appartient pas, le ferait même dévier de la vraie et sûre méthode critique. Il en est de même de tout autre savant : il ne peut sortir des limites de son objet, qui seul lui fournit ses raisons. L'Apologétique seule et légitimement demande à chaque science en particulier ses lumières, ses conclusions, même ses hypothèses : les prenant, elle en fait argument, toujours heureuse d'y trouver un point d'appui à sa démonstration. Ajoutons qu'elle travaille pour tout le monde et s'adresse à tout le monde ; à la différence de chaque savant qui écrit ou parle pour les initiés de sa science, réputés compétents et capables de le comprendre ; elle a pour disciples tous les hommes quels qu'ils soient. La Révélation est pour tous et pour tous les siècles. Pour tous donc la démonstration de sa valeur vue par le dehors et des conditions d'évidence extrinsèque qui lui donnent un véritable droit à être crue. A elle donc et pour servir à cette démonstration l'universalité des moyens. C'est son avantage, sa force, sa particularité. Pourquoi le lui reprocher ?

Voyons, aussi bien, quelle est la nature des arguments de l'Apologétique.

V

Nature et caractères des arguments de l'Apologétique.

Il n'échappe à personne qu'une discipline intellectuelle trouve dans les arguments dont elle fait un usage légitime le meilleur de sa qualité, le principal titre au respect de tous, sa raison d'être. Car la conclusion ne vaut que ce que valent les arguments. Chacun conviendra tout de suite que si, en réalité, l'Apologétique est apodictique et arrive à des conclusions fermes, d'ailleurs générales, qu'elle appuie sur de bonnes et solides preuves, elle se trouve par là même constituée en science proprement dite ; et de même les services qu'elle est appelée à rendre auront un prix immense.

Rappelons son objet : c'est la crédibilité externe de la foi, non pas de tel ou tel point de l'enseignement révélé, mais de l'enseignement pris dans son ensemble ou dans son idée fondamentale qui est d'être cru parce que révélé. Une erreur formelle et démontrée l'atteint directement. De même la crédibilité d'un point établit légitimement la crédibilité générale.

L'Apologétique dispose-t-elle donc d'arguments lui permettant d'attribuer à la foi un véritable caractère de vérité révélée, qu'elle se fasse d'une façon négative ou d'une façon positive — je m'en expliquerai plus loin ; et pourrons-nous dire que son « rôle normal soit de rendre exigible, humainement parlant, l'acte » de croire ?

Pour répondre, il me paraît préférable de procéder par des exemples. Je n'en prendrai pas qui ne soient parfaitement connus.

1) J'emprunte le premier aux sciences philosophiques. C'est tout indiqué. Car les publicistes, quelque nom qu'ils portent, qui se sont montrés et se montrent encore plus hostiles à la croyance, partent d'un principe qu'ils prétendent absolu, à savoir qu'il existe une opposition irréductible entre la raison et la foi. Ils prétendent appuyer ce principe sur cette donnée philosophique, que la raison est la lumière unique de l'homme intelligent et libre, et aussi, en fait, sur l'expérience, la science suffisant à l'homme et les religions ayant joué dans les sociétés un rôle néfaste. Les rationalistes doctrinaires en viennent toujours à dire que la foi n'a en rien affaire là où il y a la raison. Or, la raison est partout ; donc la foi ne doit être nulle part.

La réponse de l'Apologétique sera dans l'argument suivant, Dieu existant et créateur étant supposé : Dieu raison universelle et sagesse infinie ne peut faire des choses contradictoires.

Or il a donné à l'homme sa raison et, nonobstant, il l'a gratifié d'une révélation, objet de la croyance. Donc il n'y a pas d'opposition entre la raison et la foi qui viennent du même Dieu. Rationnellement, on peut croire ; la révélation une fois démontrée, il faudra croire.

C'est tout le raisonnement de Leibniz et tout le contenu de son *Discours sur la conformité de la foi avec la raison* (1).

2) Tout le monde sait combien l'attaque contre la Genèse, et en particulier contre l'œuvre des six jours, a été nourrie, menée avec ensemble et un moment pleine d'éclat. C'est au nom des sciences les mieux établies : la géologie, la chimie, la physique qu'elle a été faite. Il s'agissait, dans l'espèce, du premier chapitre de la Genèse ; mais dans l'intention des adversaires, ce cas devait montrer l'opposition irréductible de la science et de la foi, et par conséquent rendre l'acte de croire déraisonnable et impossible. Que fait l'Apologétique ?

L'Apologétique reprend un à un les dires

____

* (1) *Œuvres,* t. I, pp. 64 et suiv. Petit in-4°, Genève, 1768. Migne, *Démonstrations évangéliques,* t. IV, cc. 1275 et suiv.

des géologues, des physiciens et des chimistes. Elle discute leurs hypothèses et leurs conclusions. Ou bien ce sont de pures hypothèses ou de simples théories comme celles de la lumière, qui ont été déjà remplacées par d'autres et qui vraisemblablement le seront encore par de nouvelles. Dès lors l'opposition n'est qu'apparente, on ne peut rien en arguer contre la cosmogonie mosaïque. Ou bien ce sont des conclusions fermes, considérées comme acquises, absolument solides ; et alors il faudra voir si le langage de la Genèse y contredit absolument. En tout cas, il sera prudent de ne pas se prononcer vite contre la Genèse. Car *1)* les théories qui ont paru un moment bien fondées ont été démodées après, exemple le transformisme ; *2)* les apologistes antérieurs, maladroits, utilisant des réponses de circonstance, ou même prenant pour démontré ce qui ne l'était pas, ont exposé une doctrine paraissant représenter la pensée religieuse et n'ont réussi qu'à encombrer le terrain ; *3)* la Genèse mieux comprise a paru chaque jour mieux s'adapter à la donnée scientifique.

L'Apologétique pose donc son argument

à la suite de l'examen critique et approfondi de chacun des points constituant le cas de la Genèse : d'opposition entre la science et la Genèse il n'y en a pas ; la Genèse s'harmonise même avec ce qui dans chaque science particulière paraît le plus probable, le mieux établi, le plus certain.

Donc, il n'y a pas de difficulté pour croire ni d'obstacle à la croyance provenant des sciences physiques et naturelles ; au contraire, il est raisonnable de croire ; car la Genèse a résisté à cette épreuve ; et son langage est assez compréhensif pour s'adapter à toute conclusion durable, ferme, vraie.

On le voit : l'argument est rationnel ; il porte sur un objet général, à savoir la valeur de la révélation ; et, dans la discussion d'un cas particulier, à savoir la Genèse, il aboutit à une conclusion, qui, se répercutant sur l'ensemble, a une portée générale : rationnellement, on peut croire.

3) L'histoire des religions est un sujet d'étude qui a pris de nos jours une importance énorme. Plus haut, j'ai signalé le fait de l'existence d'une chaire d'histoire des Religions un peu partout. Chacun voit d'ailleurs

où l'on veut en venir : l'impossibilité de croire au Christianisme et la négation du surnaturel. Or, *1)* le fait religieux est aussi ancien que le monde. Mais *2)* les cultes ont été toujours divers et nombreux, jusqu'à s'opposer l'un à l'autre. Donc toute religion confessionnelle n'est qu'une des multiples manifestations du même phénomène religieux. Quant au Christianisme, il n'échappe pas à cette loi universelle. Son histoire particulière entre dans la trame générale de l'histoire des religions. C'est un fait comme un autre, quelque opinion que l'on puisse avoir de sa valeur morale et de ses conséquences sociales. Fait humain, manifestation locale du besoin religieux, et rien de plus ; quoi qu'il en soit de son développement postérieur et de son succès, il ne peut faire l'objet de la foi. Dieu n'y est pour rien, de même qu'il n'était pour rien dans le culte de Jupiter, et qu'il n'est encore pour rien dans le Brahmanisme déjà séculaire et dans le Mahométisme en décadence.

Au nom de l'histoire, on nous dit que le Christianisme n'est vraiment pas qualifié pour être cru d'une foi surnaturelle. C'est bien à cela que revient, par exemple, tout l'ouvrage en sept volumes de Renan sur les origines du Christianisme, voulant comprendre le Christianisme dans le mouvement universel de l'âme humaine qui cherche un culte et par là même lui enlevant tout caractère surnaturel.

Or, l'abbé de Broglie a consacré tout un volume à étudier le Christianisme dans ses rapports avec chacun des cultes principaux, entre lesquels l'humanité s'est partagée : le Polythéisme traditionnel, le Bouddhisme, le Judaïsme et l'Islamisme. Il a pu se livrer à un travail de comparaison, grâce à une documentation abondante et sérieuse. Tout le monde a été d'accord pour reconnaître à cet ouvrage un vrai mérite critique. Il a paru il y a vingt ans : il n'a rien perdu de son intérêt et de son importance. En s'appuyant respectivement sur les livres sacrés et autres sources d'informations, cet auteur, qui raisonne froidement et se fonde sur la méthode rationnelle la plus rigoureuse, a abouti à « deux conclusions certaines » : 1° la « transcendance absolue » du Christianisme; 2° le caractère unique du contenu du Christia-

nisme, qui « renferme dans son sein toutes
« les parties nobles et élevées des autres
« religions, les réunissant dans une admi-
« rable harmonie, et s'adaptant ainsi à toutes
« les aspirations légitimes du cœur hu-
« main (1). »

Sur une telle base, l'argument apologétique s'établit sans effort et comme de soi.
Il n'y a même qu'à conclure à la crédibilité
du Christianisme. Rien de plus logique et de
plus rationnel.

« A tout phénomène il faut une cause proportionnée. Or, aucune cause humaine,
aucune cause terrestre, aucune cause ren-
trant dans la classe de celles que l'histoire énu-
mère ne peut rendre raison du Christianisme.

« Il faut donc une cause supérieure (2). »

Si une cause supérieure peut seule expliquer le Christianisme, elle donne à tout le
contenu du Christianisme une valeur spéci-
fique qui dispose l'esprit à croire de foi surnaturelle.

Cette conclusion est générale ; elle répond

(1) *Problèmes et conclusions de l'Histoire des Religions*,
pp. 370-372. 2ᵉ éd. In-12, Paris, Putois-Cretté, 1886.
(2) *Op. cit.*, p. 372.

à merveille à l'objet même de l'Apologétique.

4) Tout à l'heure, avec l'abbé de Broglie, je rappelais « les aspirations légitimes du cœur humain ». Rien n'est plus vrai : tout homme, même le plus pervers, a des aspirations hautes. On ne vit pas dans la boue comme le ver de terre ; il faut une région d'idéal, resplendissante de lumière. Le sentiment d'une règle morale subsiste même chez ceux dont la conscience est cautérisée ; on aspire à sortir du mal ; on veut le pardon. L'idée d'un être providence, si elle est parfois affaiblie, ne s'obscurcit jamais entièrement ; elle brille quand même dans la conscience, qui ne résisterait pas au régime des ténèbres ; l'homme se plaît à se dire à lui-même qu'il est conduit par la douce providence. Il ne peut s'établir dans l'état de révolte. La pensée d'une bonté universelle et efficace le ravit. Malgré ses connaissances, il éprouve un besoin parfois très vif d'adorer et de croire. Et ainsi mille autres désirs qui élèvent chacun au-dessus de lui-même.

Ce phénomène : besoin de croire, désir de sortir de soi, confiance en une bonté supérieure agissante, persuasion qu'une justice suprême doit exister, immense espérance, etc., etc., ce phénomène a pour sujet l'homme ; il commence par être individuel et particulier ; s'il le restait, il ne prouverait qu'une chose, par exemple qu'un tel a besoin de croire. On serait autorisé à ne voir là qu'un phénomène subjectif. Le subjectivisme, je n'ai pas besoin de le faire remarquer, ne convient pas à l'Apologétique ; il se place en dehors de la raison et de la science dont l'Apologétique a la prétention de ne pas sortir.

Mais si cette aspiration se rencontre chez tous, non seulement à un moment mais encore à toutes les époques de l'histoire, elle est représentative de l'humanité ; le besoin d'idéal et de croyance, c'est le cas non d'une âme, mais de l'âme humaine. La Religion appartient non seulement à un individu, mais à la race. Ainsi, les aspirations, le besoin de croire, la poursuite d'un idéal religieux sont un phénomène universel, qui constitue une donnée objective sur laquelle il va être possible de raisonner.

Et, en effet, nous ne dirons pas maintenant comme plus haut : il faut une cause universelle, mais : il est nécessaire qu'un tel désir

de la race se réalise. Il ne serait qu'un mons-
tre moral, s'il restait vain. Il doit être satis-
fait, à telles enseignes que la race cherchera
par tous les moyens en son pouvoir à le com-
bler. C'est un peu la cause de ses erreurs en
religion.

Or, par hypothèse, le Christianisme com-
ble seul et pleinement ce vide, répond effica-
cement à ce désir universel, donne la juste
satisfaction à l'esprit et au cœur épris d'idéal,
de bien, d'espérance.

Je dis : par hypothèse, parce que ce n'est
pas ici le lieu de rechercher si le Christianisme
a toujours donné à l'homme « les deux paires
d'ailes ». Je n'ai d'autre but que de montrer
quel est le caractère de l'argument apologétique. Seulement je fais remarquer que cette
vérification est possible ; possible, elle sera
rationnelle. La démonstration suivra avec la
conclusion qui sera nécessairement celle-ci
comme plus haut : le Christianisme est tel
qu'il doit être cru, et cru de foi surnaturelle ;
car il fait ce qu'aucune philosophie, aucune
religion n'ont pu faire. La cause en est
supérieure. Le Christianisme est d'une
essence telle qu'il ne s'explique que s'il est

surnaturel ; sinon, non ; et c'est l'absurde (1).

5) Prenons un autre exemple.

Le Christianisme s'affirme comme une doctrine, quoi que l'on dise. Aux yeux de quelques-uns, cette prétention, maintenue par l'Église, fait plutôt un obstacle.

Que le Christianisme soit une morale, à la bonne heure. Mais qu'il enseigne les origines et la chute de l'homme, l'intervention de Dieu dans l'histoire de l'humanité, l'Incarnation, la Rédemption ; qu'il enferme la croyance dans le cercle qui s'ouvre avec la Genèse et se ferme sur l'Apocalypse ; qu'il donne à cette croyance un caractère immuable et une valeur absolue, ce n'est plus tolérable. Le Dogme, au lieu de délivrer l'esprit, pèse lourdement sur lui. Conclusion : il est impossible de croire.

(1) Déjà Eusèbe, voulant définir le sujet de son beau traité, écrivait au chap. 1 de sa *Préparation Évangélique :* « Je crois avant tout devoir exposer clairement ce que nous entendons en prononçant le mot d'Évangile. L'Évangile est ce qui annonce à tous les hommes la présence des biens célestes et incomparables, prédits autrefois, et qui ont régénéré depuis peu tout le genre humain. Ces biens ne se rattachent ni aux aveugles faveurs de la fortune, ni à cette vie si courte et si malheureuse, ils n'ont rien de commun avec le corps et la corruption : *il s'agit des biens en rapport avec la nature intelligente de l'âme et avec ses plus nobles penchants.* » Lib. I, cap. 1.

Que fera l'Apologétique ? Elle prendra ce Dogme, tel que l'Église l'enseigne ; et sans en rien omettre, comme étant une donnée objective, — et rien n'est plus objectif, — elle en étudiera l'économie et la logique, pour bien voir si les parties se tenant se relient bien entre elles. Il lui sera assez aisé de montrer que cette doctrine forme un tout cohérent, dont on ne peut rien retrancher sous peine de troubler l'ensemble jusqu'à le ruiner. Puis, il ne lui sera pas difficile d'établir que la doctrine de la chute explique assez bien l'état moral persistant de l'humanité, que cette doctrine est celle qui en rend le mieux compte, et même la seule qui en donne une raison acceptable. Le manichéisme avec ses deux principes du bien et du mal ne fait qu'augmenter la difficulté. Le fatalisme est trop barbare. L'optimisme des Encyclopédistes professant que l'homme est bon en lui-même s'évanouit chaque jour comme un rêve que l'expérience contredit. La théorie de Jean-Jacques attribuant à la société tout le mal, au lieu de le guérir, l'accroît en engendrant les révolutions. Et comme ces théories se formulent, se développent ou même s'accréditent, l'humanité garde ses instincts mauvais ; et même plus elle s'éloigne du Christianisme, plus elle devient égoïste, perverse et révoltée, tandis que plus elle s'en nourrit, plus elle se trouve consolée, douce et patiente.

L'argument se dégage de ces données certaines, rationnellement établies. Cette cohérence logique, cette double vertu, grâce à laquelle la doctrine résiste à l'épreuve du temps et relève chaque génération au point d'expliquer seule la race et d'être seule capable de l'assainir, tant de force et une grandeur si assurée la recommandent, la rendent croyable, préparent à la foi. Le libre penseur a beau compter sur l'avenir et dire que demain on verra la faiblesse du Christianisme doctrinal. Il reste qu'aujourd'hui il est assez beau et majestueux pour que, humainement parlant, il soit raisonnable, bon et prudent de croire de foi divine.

6) Prenons un dernier exemple : avec d'autant plus de raison qu'il nous est fourni par le Concile du Vatican et qu'il y aurait inconvenance grave à l'éviter. Ajoutons qu'au premier abord le Concile semble faire entrer

l'Apologétique dans la Théologie ; si l'Apologétique montre que cela n'est pas, elle y trouve un appui véritable ; nul autre exemple ne peut mieux définir sa nature et accréditer sa méthode.

Les prophéties et les miracles fournissent, en effet, la matière d'un argument péremptoire.

Ne dites pas que la prophétie et le miracle appartenant à la Théologie ne peuvent être mis à l'usage de l'Apologétique, à moins 1° de faire de l'Apologétique une théologie pure ; 2° ou bien de tomber dans un cercle vicieux. Toujours le cercle vicieux.

La Théologie analyse la prophétie et le miracle ; elle en définit la nature ; elle en établit les conditions. Mais il ne s'agit pas de cela pour l'Apologétique. La prophétie se présente d'abord comme un fait extérieur, visible pour tous et tombant sous l'appréciation du bon sens et de la droite raison : le fait, c'est la réalisation d'un événement annoncé à l'avance tel qu'il avait été annoncé et même au temps prédit. Les prophéties messianiques revêtent bien ce caractère sensible : voici les Prophètes, annonçant avec précision les événements : voilà les Évangélistes racontant des événements qui ne sont autres que ceux que les Prophètes avaient annoncés.

De même, le miracle est d'abord un fait. Saint Jean a raconté la guérison de l'aveugle-né, l'eau changée en vin à Cana, la résurrection de Lazare, bien avant que les théologiens se demandent si le miracle est possible et en quoi il consiste. De même, longtemps avant les analyses, les déductions et les conclusions des Apologistes, les foules, témoins du miracle, avaient été inclinées à croire. Il est bien vrai que le miracle tombe, plus encore que la Prophétie, sous le sens de tous et l'appréciation commune. C'est pour cela que le Concile du Vatican dit avec juste raison que « les miracles et les prophéties sont des « signes adaptés aux exigences intellectuelles « de tous. » L'Apologétique en fait donc son profit ; et, restant sur son domaine et utilisant la méthode rationnelle qui est la sienne, elle peut conclure que telle doctrine, s'accréditant de prophéties et de miracles, se présente dans les conditions les plus favorables pour être crue de foi divine.

Que s'il vous plaît de raisonner plus à fond,

il vous sera loisible, après avoir rappelé, — ce qui a été établi déjà, — qu'une cause supérieure donne seule raison du Christianisme, de faire remarquer que « cette cause doit, pour être proportionnée à « l'effet, posséder certains attributs » (1). C'est évident. Dès lors, pourquoi n'aurait-elle pas la faculté de prédire l'avenir et d'opérer des miracles ? Il le faut même, j'entends d'une convenance et nécessité morales, après avoir dit la possibilité métaphysique. Par là même, on dissipe certains étonnements et encore un coup les voies s'ouvrent toutes larges à l'acte de foi.

Tels sont les quelques types d'arguments qui sont familiers à l'Apologétique. Ces exemples suffisent pour apprécier leur valeur et aussi la qualité de la méthode.

Trois caractères distinguent l'argument de l'Apologétique.

1) Il est objectif entièrement et en rien subjectif. On l'a montré.

2) Il est rationnel, rigoureusement scientifique.

Et ici il est utile de faire remarquer que cette conclusion s'harmonise à merveille

____

(1) Abbé de Broglie, *Op. cit.*, p. 372.

avec la condamnation qu'Innocent XI a faite de la proposition suivante : *Assensus fidei supernaturalis et utilis ad salutem stat cum notitia solum probabili revelationis, imo cum formidine, quia quis formidet ne non sit locutus Deus* (1).

3) Nous avons établi l'extrinsécisme de l'argument apologétique ; il ne donne qu'une certitude morale ; il ne dépasse pas l'évidence de crédibilité. Mais là, il est rigoureux et absolu ; car il n'est pas établi sur la vraisemblance, la possibilité, la probabilité. L'argument de l'Apologétique n'est pas *ex probabilibus*. Elle n'appartient pas à la catégorie des disciplines qu'Aristote range sous la dénomination de *Topiques*. Elle ne plaide pas. Sans doute, plus d'un apologiste a, comme fait l'avocat, compté beaucoup sur les circonstances, les hommes et les choses du moment. Pour elle, elle expose, raisonne et prouve. Ses arguments ont une portée supérieure aux circonstances. Ses conclusions demeurent ; elles enrichissent le trésor de lumières qui entourent la Révélation, mettent le Christianisme hors de cause en toute discussion sérieuse et inclinent l'esprit à croire.

(1) DENZINGER, 2038. Éd. de 1909.

VI
L'Apologétique et le Modernisme.

Cependant, quelques-uns, inquiets, timides ou trop absolus, ont tenu et tiennent encore l'Apologétique en suspicion. La vérité est qu'elle se préserve elle-même des écarts, auxquels des méthodes mauvaises n'ont que trop entraîné des esprits qui, semble-t-il, ne pouvaient se laisser gagner. La suspicion n'est pas légitime.

D'abord, pourquoi craindre que l'Apologétique, discipline rationnelle, tombe dans le subjectivisme kantiste ou tout autre subjectivisme ? C'est un danger auquel elle échappe par son énergie vitale et sa nature propre ; ses arguments sont objectifs.

Ensuite, rien n'est commun entre elle et le Modernisme. Le Modernisme tend à substituer à la Religion révélée une philosophie individualiste à laquelle la Religion devra s'adapter. Il donne au sentiment une finalité religieuse absolue. L'Apologétique est une introduction à la croyance ; elle se propose d'y conduire les esprits, en établissant quoi donc ? que la Révélation est *croyable,* je dis la révélation, et donc le contenu de l'Ancien et du Nouveau Testament, de la Tradition et des définitions de l'Église. Si elle arrive jamais à donner la somme des motifs de croire, elle montrera avec un incomparable éclat la séparation absolue existant d'une part entre la Révélation, objet de l'acte de foi, et d'autre part tout système moderniste.

Enfin, l'Apologétique ayant pour objet d'établir la *crédibilité* externe de toute la Révélation et ne faisant usage que d'arguments rationnels, doit rechercher si par hasard le bloc rationnel ne serait pas l'obstacle, invincible, à l'acte de foi. Le pragmatisme veut isoler la raison. A son sens, les données de celle-ci forment un tout intangible et impénétrable. On ne peut franchir la ligne qui la protège et la cantonne. Elle est antérieure ; et tout ce qui n'est pas elle lui demeure étranger. Le pragmatisme repousse la foi. L'Apologétique parle à son tour et toujours dans un sens tout à fait contraire au pragmatisme. Je n'ai pas à rechercher les raisons sur lesquelles elle s'appuiera pour démontrer que la Révélation est elle aussi une lumière, malgré le voile qui l'enveloppe.

Il suffit ici de rappeler qu'elle n'a d'autre but que de montrer toute la clarté entourant la crédibilité de la révélation. Si la raison s'incline devant les témoignages et accepte ce qu'ils affirment parce qu'ils sont recevables, *à fortiori* doit-elle adhérer au témoignage divin ; la Révélation élargit le domaine de la connaissance ; il y a harmonie entre ce qui est éternel dans le Christianisme et ce qui est éternel dans la raison. Encore un coup, je n'ai pas à demander les motifs. Il suffit de dire, parce que c'est évident, qu'une opposition irréductible existe entre l'Apologétique et le pragmatisme, qui la réduirait à néant s'il pouvait jamais être vrai. C'est l'Apologétique qui l'emporte sur lui, puisque, rendant la révélation recevable, elle introduit dans le domaine de la vérité un enseignement que la raison n'eût jamais trouvé.

Alors, par la grâce de Dieu, et comme effet de la motion du Saint-Esprit, l'acte de foi pourra se produire ; la vérité révélée pénétrera l'esprit, brillera dans l'âme tout entière, lui donnera un lustre éclatant. L'Apologétique aura auparavant éclairé, disposé et même incliné la raison.

De péril du côté de l'immanentisme, je n'en vois pas, et la séparation de l'Apologétique d'avec l'immanentisme, sans être aussi radicale, est cependant aussi réelle. Cette séparation a été déjà annoncée, quand il s'est agi plus haut des aspirations, des besoins, des nobles désirs de l'homme. Les aspirations vers un monde plus haut et meilleur ne sont pas retenues par l'Apologétique tant qu'elles sont individuelles et purement subjectives. Elle n'en fait état que tout autant qu'elles sont représentatives de la race. Même alors, il n'est pas possible qu'elle les prenne comme un phénomène subconscient, qu'elle considère la foi comme « résidant dans un certain sentiment intime, engendré lui-même par le besoin divin (1), » ce qui est l'essence de l'immanentisme. Car l'Apologétique ne considère jamais la foi comme une issue de ce « sentiment intime ». Pour elle, la Révélation est toujours un fait extérieur et ne peut être autre chose. D'une part, elle prend ce qui est caractéristique de l'âme humaine ; d'autre part, elle la met en présence de la révélation ; et si elle trouve que

(1) Encyclique *Pascendi*.

celle-ci lui donne la juste satisfaction, elle conclut que la Révélation se présente avec un caractère et dans des conditions qui portent l'âme humaine à croire de foi divine. Elle est aussi loin que possible de l'immanentisme.

Toute inquiétude sur les dangers doit s'évanouir bien vite ; et même, résumant ici non seulement ces brèves observations, mais encore tout ce qui précède, je puis conclure que le sujet de l'Apologétique et son objet formel, c'est-à-dire ses preuves, ses moyens, sa valeur rationnelle, montrent à l'envi qu'elle est une discipline distincte, saine et forte. Que si nous rencontrons des opposants, ne discutons pas ; mais imitons le philosophe antique, qui, pour prouver le mouvement, se mit à marcher ; faisons de la bonne Apologétique ; à chacun la noble tâche de la rendre féconde pour les autres par l'application de l'esprit, l'étude opiniâtre et une intelligence précise du but utile et grand qu'elle poursuit.

VII

L'Apologétique et l'Apostolat.

Ainsi, je viens directement aux défenseurs de la Religion.

Qu'ils ne me reprochent pas de les avoir négligés. Ce qui importait d'abord, c'était d'établir des notions ; on leur laisse un peu le soin d'appliquer les principes.

On voit, je l'espère du moins, quelle est la dignité de l'Apologétique et aussi combien elle peut servir.

Notre siècle est vraiment malheureux. N'ayant plus qu'une religion affaiblie ou même l'ayant perdue, il manque de la grande orientation. Le vaisseau en pleine nuit de tempête ne sait quelle route suivre. Notre génération en a conscience. Elle voudrait croire. Mais elle a désappris les routes conduisant à la foi. Elle a surtout besoin que les voies tracées par Dieu sur l'immense Océan lui soient montrées.

L'Apologétique, non seulement vous aidera, vous, écrivain catholique, prêtre de Dieu, vicaire ou curé ; mais encore, elle vous sera indispensable. Car ce siècle, sceptique, imbu de critique et confiant en la raison et la science, demeure accessible aux bonnes méthodes. L'Apologétique se présente avec de sûrs principes de discussion ; tout y est précis ; elle met à la disposition de chacun pour la discussion logique et solide, des moyens qui ont déjà fait leur preuve et donné les plus sérieux résultats.

D'ailleurs tout pousse les esprits attentifs vers l'Apologétique. De quoi entend-on parler ? Uniquement d'une chose : de la difficulté de croire venant de la Révélation elle-même. Au temps d'Arius, on se divisait sur un point précis de foi, la consubstantialité du Verbe et du Père ; au xvie siècle, sur la présence réelle, entre autres ; au xviie, sur la grâce. Aujourd'hui, c'est l'ensemble de la Révélation qui est repoussé ; on ne croit plus même partiellement ; et l'on allègue toujours l'impossibilité de croire à laquelle l'esprit se heurte à tout propos. C'est une réflexion assez commune que jamais peut-être on n'a autant parlé de l'Église, du Clergé, de la Religion que depuis la Séparation. Beaucoup s'en étonnent ; plus d'un voit dans cette préoccupation universelle la réponse de l'opinion désabusée ou lasse à ceux qui la trompent. Plainte, regret ou ironie, qu'importe. C'est un appel que notre temps adresse à quiconque sait, espère et croit, afin de réapprendre Dieu, la Religion et les grands espoirs. Ecoutons ; informons-nous ; soyons avisés. Voyons quelles sont les difficultés et tenons-nous prêts à répondre dans le sens précis de la crédibilité.

Au fond, que font les prêtres, qu'ils prêchent, qu'ils donnent une conférence avec projections, qu'ils s'entretiennent avec l'un ou avec l'autre ? Que font, à l'heure actuelle, les prédicateurs le plus en renom ? Que font même les missionnaires ? Que font les écrivains catholiques ? Toujours et presque uniquement de l'Apologétique. Ils défendent la Religion. Ils s'efforcent de la montrer acceptable. Chacun est heureux et ils sont heureux s'ils réussissent à renverser les obstacles rendant difficile à l'esprit l'acte de foi. Quel est l'ami de la Religion qui ne fait pas le plus habituellement métier d'apologiste ?

L'état des esprits l'exige, notre siècle le demande, et les lectures auxquelles nous nous livrons le plus souvent nous aiguillonnent.

Ce n'est pas du nouveau. Rien de cela n'est inconnu.

On s'en réjouira très cordialement.

Mais on fera remarquer que, l'opposition

à la Révélation persistant, il est nécessaire de perfectionner chaque jour l'instrument qui projette la lumière. L'Apologétique requiert de la part de celui qui la cultive un immense savoir. Qui veut à propos de toute attaque montrer la crédibilité de la foi doit en un sens tout savoir, parce qu'on abuse de tout : sciences, histoire, critique, art, philosophie, religion même, pour charger de nuages la Révélation, qui est le contenu même de la foi. Cependant il sera bon et avantageux de se spécialiser un peu, ou même tout à fait. Celui-ci a étudié les sciences physiques et naturelles ; il est plus en état que d'autres de les approfondir, non pas au point de vue spécial à ces sciences, mais dans leur rapport avec la Révélation. Compétent, il sera plus écouté que bien d'autres, quand, ayant écarté tout obstacle, il touchera à la crédibilité de la Révélation. Qu'il fasse de l'Apologétique scientifique. Celui-là s'est tourné du côté de l'histoire des cultes et des religions comparées, matière d'un maniement délicat, mais intéressante et large. Il a suivi de près toutes les découvertes de textes, stèles ou papyrus. Il peut en raisonner. Il sait ; il inspire d'ailleurs confiance ; car il croit aussi. Il est outillé. Il rendra des services. Ce dernier s'est adonné à des études sociales. Il est bien certain que le bien et l'intérêt social supposent des conditions qui, si elles sont remplies, assurent la prospérité générale ; c'est, par exemple, le sens du bien public, la notion exacte de la loi qui est établie dans l'intérêt commun, l'autorité et son exercice, le respect d'autrui, etc. Si la foi préconise chacune de ces conditions réputées essentielles, l'acte de croire en sera rendu d'autant plus possible et facile. Ce dernier, moraliste distingué, fait de l'éthique l'objet habituel de ses réflexions ; il s'intéresse spécialement aux questions de fondement de la morale, de principe du bien, de sanction. Il pourra dire mieux qu'un autre si vraiment la Révélation apporte des lumières, aide et soutient l'éthique. Si c'est oui, la Révélation s'en trouvera tout de suite accréditée.

En un mot, le travail apologétique sera divisé ou distribué entre plusieurs ; se poursuivant sans relâche, il donnera de bons résultats.

A deux conditions, me semble-t-il. C'est

que tout d'abord l'ouvrier d'apologétique soit théologien, c'est-à-dire connaisse sérieusement et avec compétence le contenu de la Révélation. Théologien, on ne l'est jamais trop. La seconde condition est que dans le travail particulier on s'élève jusqu'au principe universel. Car de la sorte, on fera œuvre de science. Le particulier est objet de connaissance : l'universel seul est objet de science. C'est ce qui demeure. Éclairons tel point particulier, parce qu'il est mis en discussion. Mais voyons toujours l'ensemble.

Qu'on le puisse, sans trop de peine, je le pense.

Chacun qui travaille a son champ d'étude, petit ou vaste. Les rapports de toute étude particulière et personnelle avec l'Apologétique ne peuvent guère échapper. Seulement, il faut y penser et y réfléchir, pour en tirer tout le rendement possible. Et si l'on discute tout avec soin pour soi-même, à l'aide d'une méthode précise, sévère et rigoureuse, on sera utile aux autres, en les préparant à croire, s'ils n'ont pas la foi, en rendant la foi plus recommandable à leurs yeux, s'ils sont déjà croyants.

Je me reprocherais d'insister. Il est aisé de mesurer toute l'étendue de l'utilité de l'Apologétique dans l'apostolat moderne. Mais que d'occasions n'a-t-on pas de parler à l'un, à l'autre, chez soi, à domicile, en particulier ! Dans ces multiples rencontres, que dira-t-on de la Religion ? On n'en dira que ce que l'on saura avec netteté. Comment le dira-t-on ? Comme on se sera mis en mesure de le dire par la double connaissance que l'on aura des obstacles à croire et de la crédibilité de la foi.

Comme il faut en venir à un point plus précis, il me semble que le moyen direct de se mettre en état de remplir cet apostolat de tous les jours par l'Apologétique, est que chacun fasse à son usage personnel une Somme de la crédibilité.

Un *Dictionnaire d'Apologétique* est en cours de publication (1). Ne nous disons pas qu'il nous suffira. Sans orgueil, rien ne vaut, pour soi et comme utilité pratique, ce qu'on fait soi-même : bibliographie d'un sujet, réponse à une attaque, notion précise, etc.

(1) Seconde édition du *Dictionnaire d'Apologétique,* publié par l'abbé Jaugey.

Vous lisez, mais ayez la plume à la main ; notez ceci, relevez cela ; faites de tout votre profit, mettant chaque remarque, idée ou preuve, sous un en-tête intelligent, sur autant de feuilles séparées. On les trouvera à toute occasion et on pourra toujours leur ajouter une suite utile. Ne connaîtrait-on que les objections ou les difficultés élevées contre la croyance, déjà on serait amené à se préoccuper de la réponse, à la chercher, à la formuler. Pour donner une réponse solide, pertinente, fondée, vous devrez étudier la foi dont vous voudrez montrer la crédibilité. C'est comme naturellement que vous parlerez ensuite. La lumière jaillira sans effort du foyer dont votre esprit sera peu à peu embrasé, grâce à un travail personnel persévérant. En un mot, notez chaque point, écrivez la réponse, tracez la ligne d'accord de la raison et de la foi. Vous arriverez ainsi non seulement à meubler chaque jour votre esprit, mais encore à vous faire de l'Apologétique une arme de défense, un moyen d'apostolat, une prédication habituelle, adaptée, portant toujours et même loin. C'est certainement une œuvre de premier ordre que celle qui établit la crédibilité de la foi. Qui s'y emploie avec intelligence et zèle doit être mis au nombre des meilleurs serviteurs de Dieu.

Que les catholiques, qui parlent ou qui écrivent, soient parmi ces bons serviteurs, à l'exemple des Saints Pères, des grands Apologistes, des écrivains chrétiens.

Au début de son beau traité *De vera Religione*, saint Augustin posait contre le polythéisme ce fort principe : « La religion véritable par laquelle on sert un seul Dieu et l'on connaît avec la piété d'un esprit pur le principe de tous les êtres, qui commence, achève et renferme en soi toutes choses, est la seule vraie qui vous puisse conduire dans la bonne vie et la félicité (1). »

Notre siècle a ses idoles : théories, systèmes, idées particulières, à l'encontre de la Révélation. Quel service on lui rendra, si on lui donne la preuve que la Révélation, parole de Dieu, « commence, achève et renferme en soi toutes choses ».

On y parviendra par l'Apologétique, forte discipline, dont tout l'objet est l'évidence de crédibilité.

____

(1) Migne, *Patr. lat.*, t. XXXIV, cc. 121, 122.

1199-10. — Imprimerie des Orphelins-Apprentis, F. Blétit, 40, rue La Fontaine, Paris.

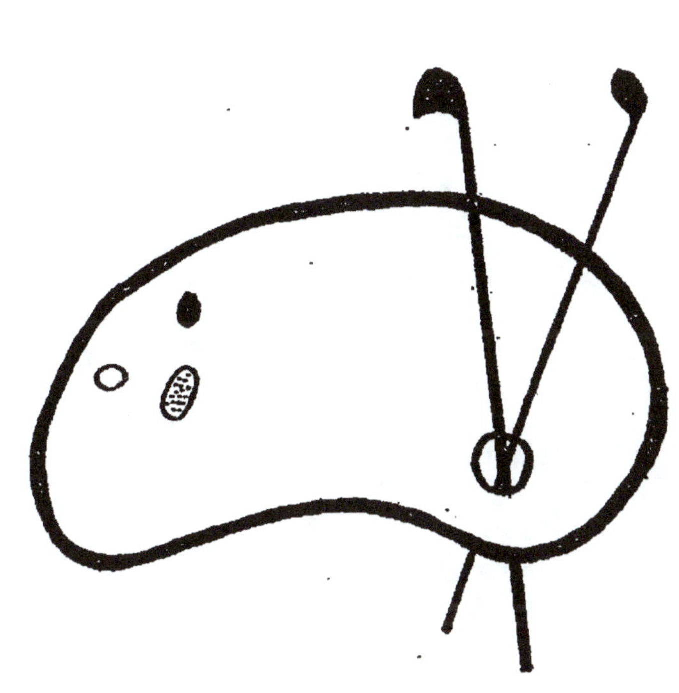

ORIGINAL EN COULEUR

NF Z 43-120-8